FAUNE DU MONDE ENTIER

À mes petits explorateurs :
Éliah, Milo, Théodore,
et à Antoine.

FAUNE DU MONDE ENTIER

Le carnet d'exploratrice
de Laure Ourmières

marcel et joachim

CARTE DU MONDE

Taïga sibérienne
Steppes mongoles
Chine
Japon
Océan
Pacifique
Abysses
(Fosse des Mariannes)
Bornéo
Papouasie-Nouvelle-Guinée
Océan
Indien
Madagascar
Grande Barrière de corail
Australie
Nouvelle-Zélande

ARCTIQUE

Béluga
Macareux moine
Renard polaire
Ourson polaire
Morse
Ours polaire
Pingouin torda
Orque
Bœuf musqué
Phoque marbré
Harfang des neiges
Narval
Élan

HIGHLANDS

Phoque gris
Chat sauvage
Vache Highland
Grand Tétras
Bec-croisé d'Écosse
Fou de Bassan
Dauphin souffleur
Poney Shetland
Mouton de Soay

PLAINES CANADIENNES

Courlis à long bec

Bison

Antilope d'Amérique

Crotale des prairies

Renard véloce

Coyote

Chevêche des terriers

Buse rouilleuse

Putois d'Amérique

Chien de prairie

Bernache du Canada

Caribou

PARC NATIONAL DE YOSEMITE

ÎLES DES GALÁPAGOS

CARAÏBES

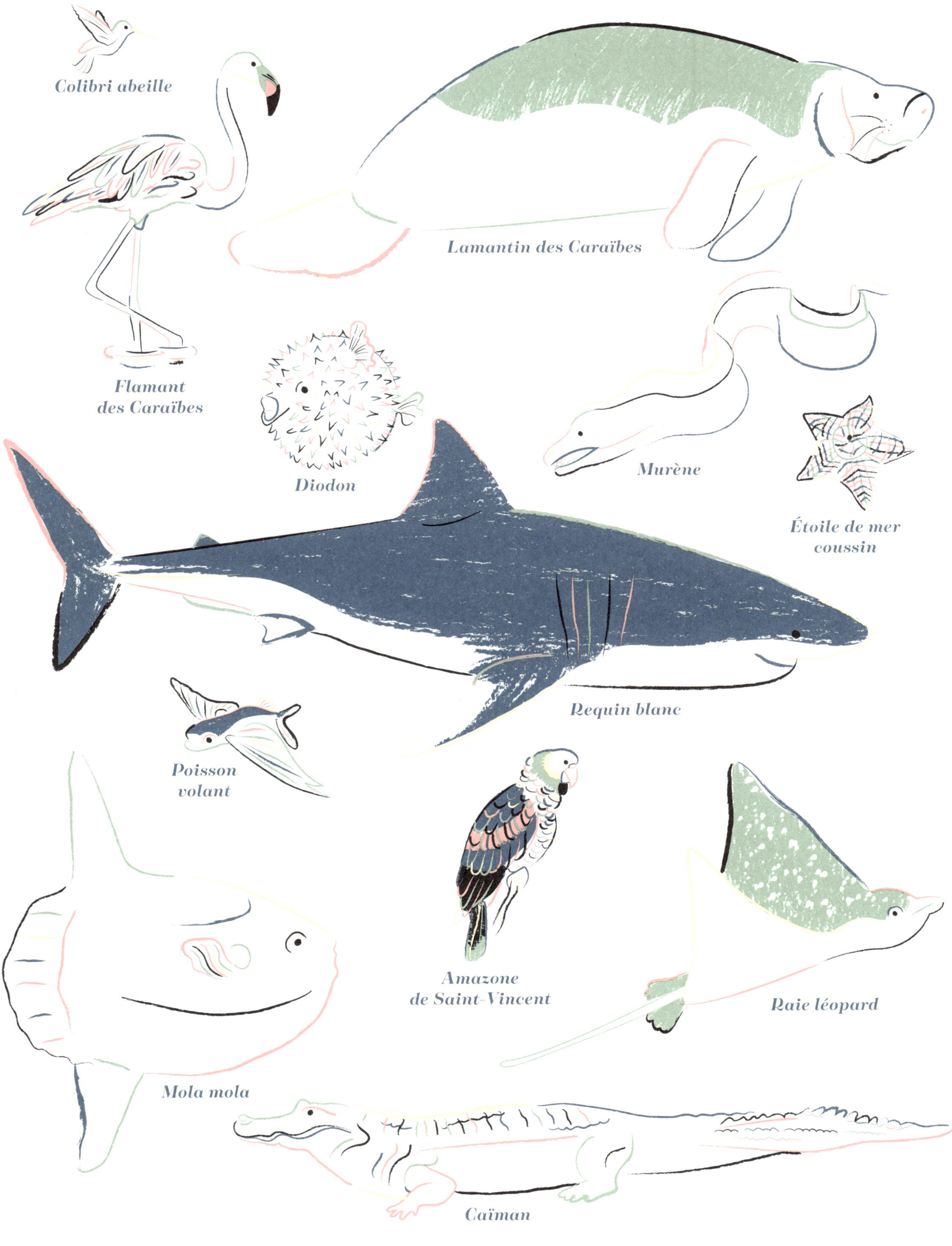
Colibri abeille
Lamantin des Caraïbes
Flamant
des Caraïbes
Diodon
Murène
Étoile de mer
coussin
Requin blanc
Poisson
volant
Amazone
de Saint-Vincent
Raie léopard
Mola mola
Caïman

CORDILLÈRE DES ANDES

FORÊT AMAZONIENNE

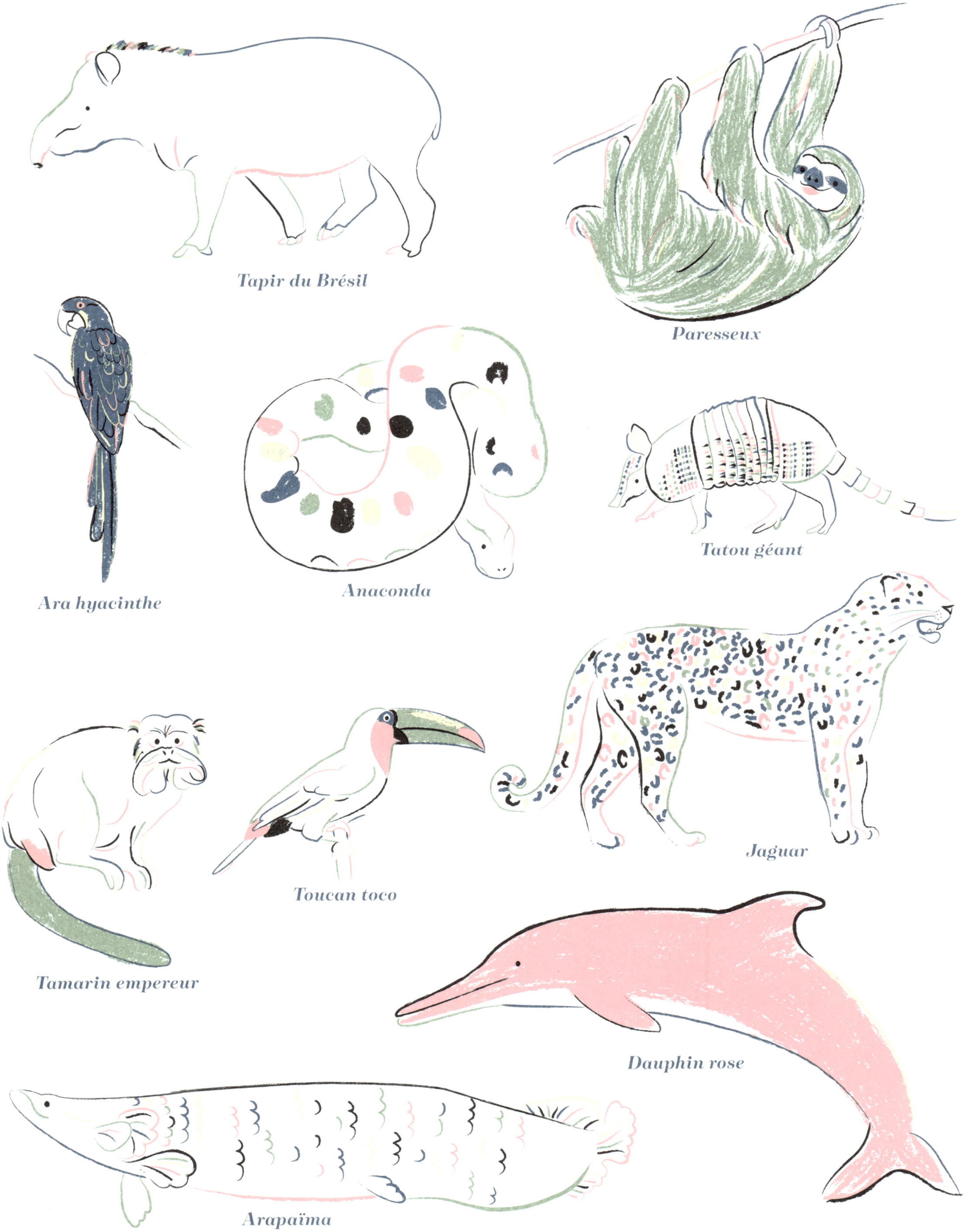

SAHARA

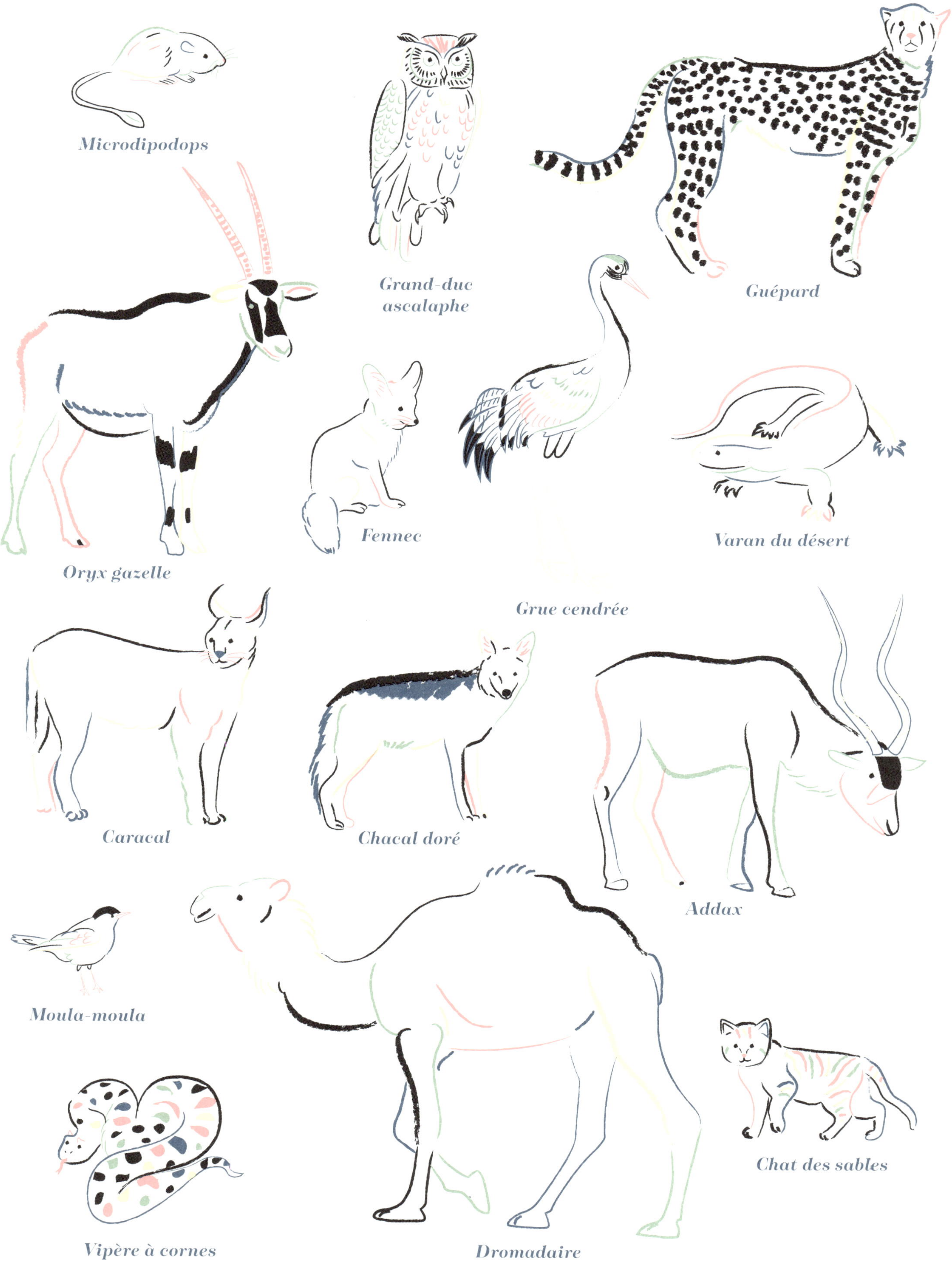
Microdipodops
Grand-duc ascalaphe
Guépard
Fennec
Varan du désert
Oryx gazelle
Grue cendrée
Caracal
Chacal doré
Addax
Moula-moula
Chat des sables
Vipère à cornes
Dromadaire

SAVANE AFRICAINE

BASSIN DU CONGO

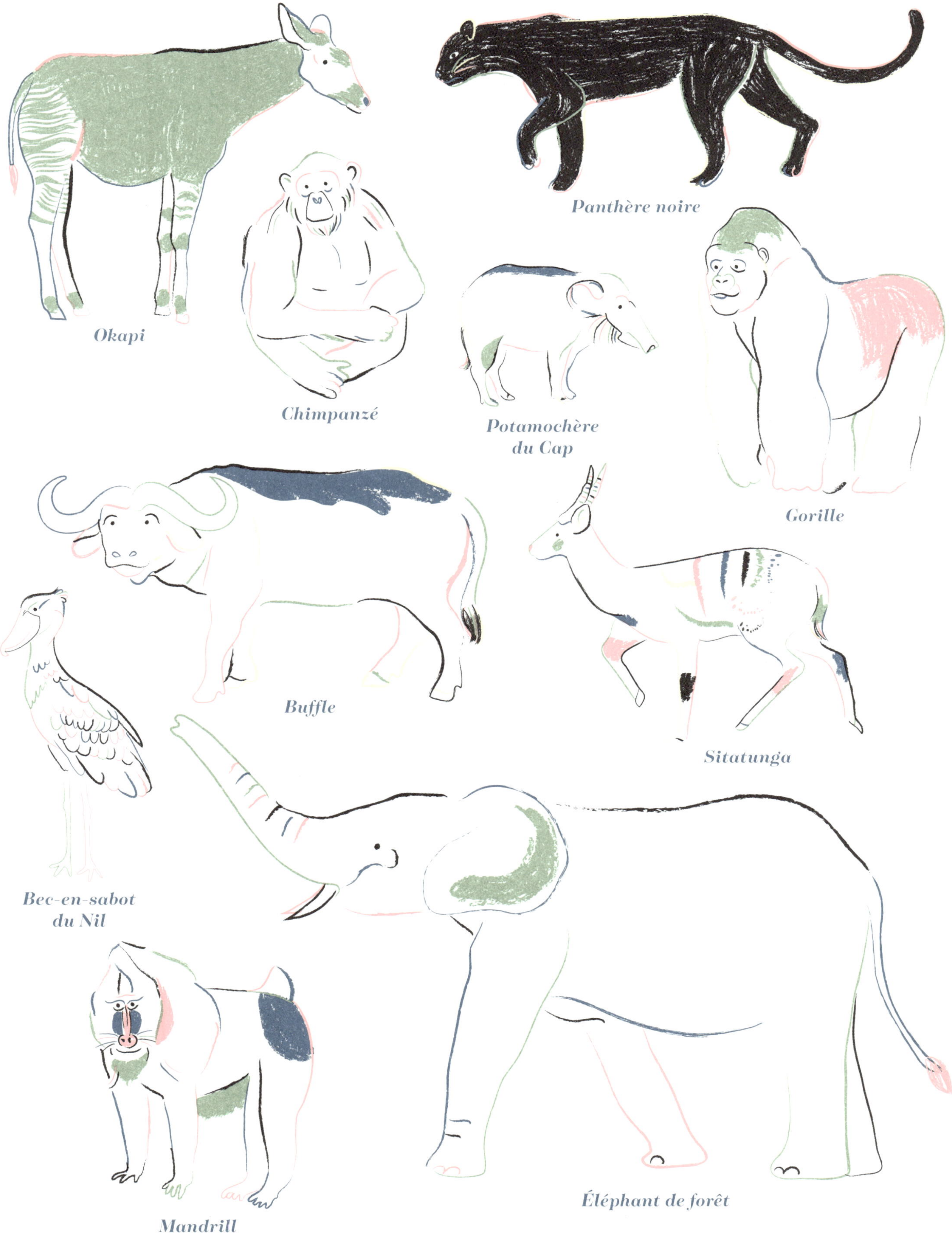

AFRIQUE AUSTRALE

MADAGASCAR

Lémur catta

Propithèque
de Verreaux

Gecko satanique
à queue de feuille

Coua bleu

Aye-aye

Fossa

Caméléon panthère

Fuligule
de Madagascar

Indri

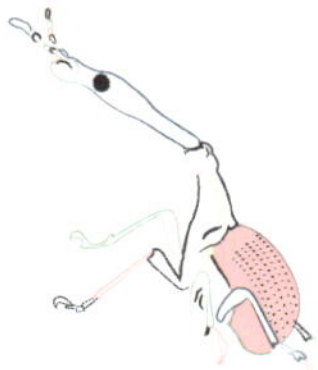

Scarabée girafe

Crapaud rouge

Tangue

Tortue étoilée
de Madagascar

BORNÉO

Grand renard volant
Calao rhinocéros
Orang-outan de Bornéo
Sanglier à barbe
Fauconnet de Bornéo
Écureuil de Prévost
Loris lent
Panthère nébuleuse
de Bornéo
Ours malais
Nasique
Rhinocéros de Bornéo

AUSTRALIE

Phalanger volant
Casoar
Tortue verte
Dingo
Wombat
Taïpan du désert
Baleine à bosse
Kangourou
Échidné
Lézard à collerette
Kookaburra
Bilby
Ornithorynque
Koala
Crocodile marin

NOUVELLE-ZÉLANDE

GRANDE BARRIÈRE DE CORAIL

ABYSSES

Requin-lutin
Blobfish
Vampire des abysses
Poisson-ogre
Dragon à écailles
Baudroie abyssale de Johnson
Bathynome géant
Grandgousier
Revenant
Caulophryne
Calamar géant
Pieuvre Dumbo

PAPOUASIE-NOUVELLE-GUINÉE

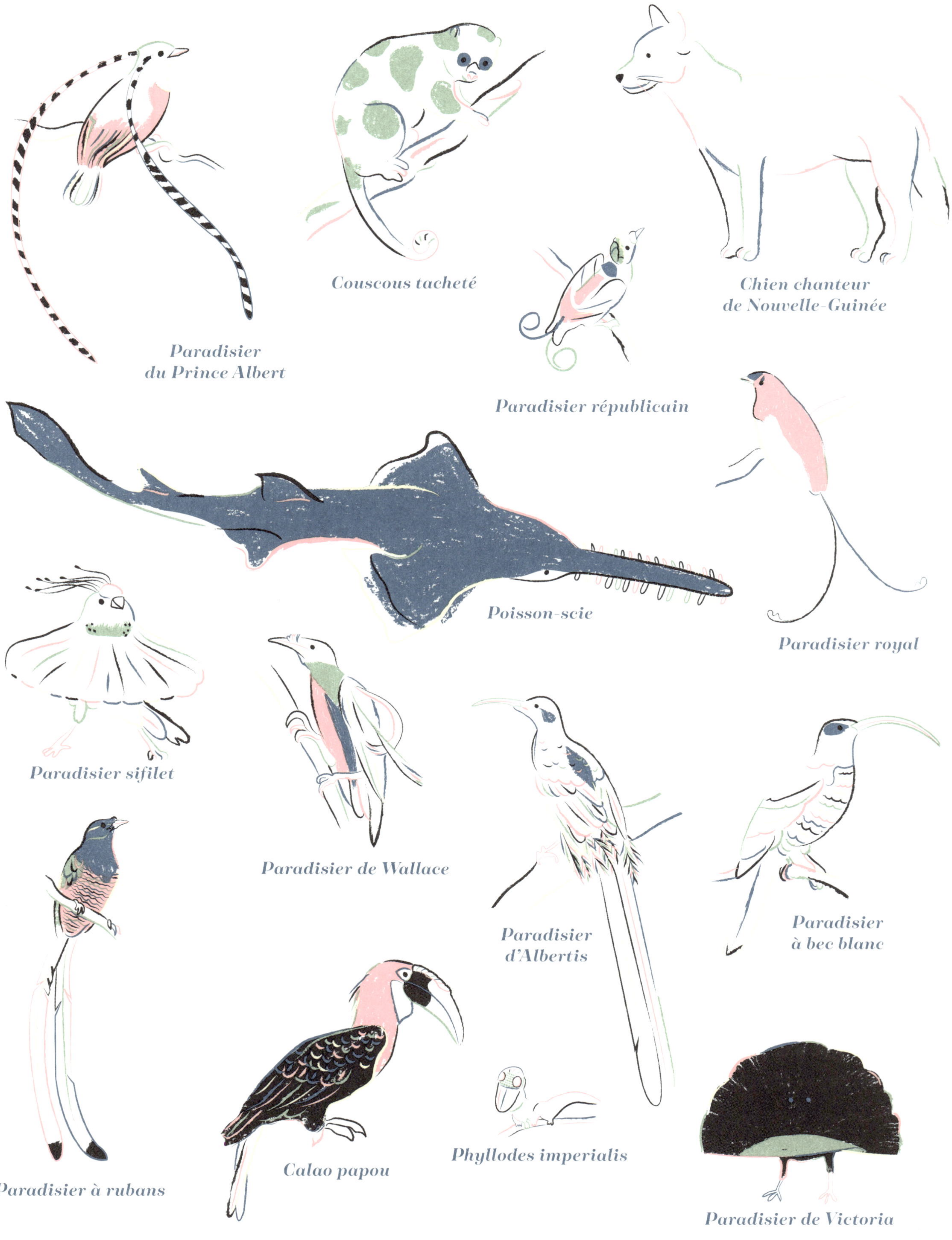

JAPON

Dugong
Corneille
Bobtail japonais
Akita Inu
Singe des neiges
Luciole
Carpe Koï
Chouette effraie
Faon
Tanuki
Serpent blanc d'Iwakuni

CHINE

Grue de Mandchourie
Panda roux
Dauphin blanc de Chine
Ours à collier
Rhinopithèque de Roxellane
Ibis à crête rouge
Semnopithèque de François
Panda géant
Dhole
Éléphant d'Asie
Alligator de Chine

STEPPES MONGOLES

TAÏGA SIBÉRIENNE

FORÊT-NOIRE

Pic vert
Blaireau
Cerf élaphe
Sanglier
Marcassin
Faucon crécerelle
Chevreuil
Renardeau
Bouvreuil
Daim
Lapin
Chauve-souris

PYRÉNÉES

Gypaète barbu
Mouton Lacaune
Perdrix rouge
Desman
Izard
Loutre
Berger des Pyrénées
Percnoptère d'Égypte
Marmotte
Ours et ourson bruns des Pyrénées
Mouflon

MON JARDIN

Chat
Rouge-gorge
Labrador noir
Bourdon
Crapaud
Hérisson
Poule
Coccinelle
Taupe
Mésange bleue
Ver de terre
Teckel
Chèvre
Écureuil roux
Campagnol

QUELQUES NATURALISTES CÉLÈBRES

Anna Maria Sibylla Merian

1647↔1717

Naturaliste, scientifique et illustratrice allemande. À une époque où on laisse peu de place aux femmes dans les sciences, elle consacre sa vie à la description et à l'étude de la faune et de la flore.

Georges-Louis Leclerc de Buffon

1707↔1788

Naturaliste et grand écrivain français, il est l'auteur, avec Louis Jean-Marie Daubenton de *L'Histoire naturelle des animaux*. Il sera également l'intendant du Jardin des Plantes à Paris.

Louis Jean-Marie Daubenton

1716↔1799

Naturaliste et médecin français, conservateur au cabinet d'Histoire naturelle, il enrichit les collections. Ses travaux portent sur la comparaison anatomique des espèces vivantes. Grâce à lui, l'Histoire naturelle sera enseignée au Collège de France.

Jean-Baptiste de Lamarck

1744↔1829

Naturaliste français, il est le fondateur de la Biologie en tant que Science de la vie, qui a pour but d'étudier les caractères communs aux animaux.

Charles Darwin

1809 ↔ 1882

Naturaliste et biologiste britannique, il a révolutionné l'histoire de la Vie avec la théorie de l'évolution et la sélection naturelle des espèces.

Isabella Bird

1831 ↔ 1904

Naturaliste, photographe et écrivaine britannique, elle est une des plus grandes exploratrices du XIXe siècle. Elle sillonnera l'Asie, l'Australie et l'Amérique.

Dian Fossey

1932 ↔ 1985

Zoologiste, éthologue et primatologue américaine, elle consacre sa vie à l'étude du comportement des gorilles. Elle luttera toute sa vie contre le braconnage en Afrique australe.

Beatrix Potter

1866 ↔ 1943

Naturaliste, écrivaine et illustratrice britannique, amoureuse de la nature et de la campagne anglaise, elle est principalement connue pour ses livres jeunesse, dont *Pierre Lapin*.

Sir David Attenborough

Né en 1926

Naturaliste, écrivain et scénariste britannique, mondialement connu pour ses séries documentaires : *La Planète bleue*, *Planète Terre*… Son combat : alerter sur l'état du monde sauvage et l'urgence climatique.

INDEX

Addax 14
Aigle royal 28
Aigle des steppes 27
Akita Inu 25
Albatros des Galápagos 10
Alligator de Chine 26
Alpaca «Huacaya» 12
Alpaca Suri 12
Amazone de Saint-Vincent 11
Anaconda 13
Antilope d'Amérique 8
Antilope Saïga 27
Ara hyacinthe 13
Arapaïma 13
Aye-aye 18
Babouin 15
Baleine à bosse 20
Bassaris rusé 9
Bathynome géant 23
Baudroie abyssale de Johnson 23
Bec-croisé d'Écosse 7
Bec-en-sabot du Nil 16
Béluga 6
Berger des Pyrénées 30
Bernache du Canada 8
Biche 9
Bilby 20
Bison 8
Blaireau 29
Blobfish 23
Bobtail japonais 25
Bœuf musqué 6
Bourdon 31
Bouvreuil 29
Buffle 16
Buphagus 15
Buse rouilleuse 8
Caïman 11
Calamar géant 23
Calao rhinocéros 19
Calao papou 24
Caméléon panthère 18
Campagnol 31
Casoar 20
Caracal 14
Caracara huppé 12
Carcajou 28
Caribou 8
Carpe Koï 25
Castor 28
Caulophryne 23
Cerf élaphe 29
Chacal doré 14
Chameau de Bactriane 27
Chat de Pallas 27
Chat des sables 14
Chat domestique 31
Chat sauvage 7
Chauve-souris 29
Cheval mongol 27
Chevêche des terriers 8
Chèvre 31
Chevreuil 29
Chien des prairies 8
Chimpanzé 16
Chirurgien d'Achille 22
Chouette effraie 25
Coccinelle 31
Colibri abeille 11
Condor des Andes 12
Corail 22
Cordyle géant 17
Corneille 25
Coua bleu 18
Courlis à long bec 8
Couscous tacheté 24
Coyote 8
Crapaud commun 31
Crapaud rouge 18
Crocodile marin 20

Crotale des prairies 8
Culpeo 12
Daim 29
Daman du Cap 17
Dauphin blanc de Chine 26
Dauphin d'Hector 21
Dauphin rose 13
Dauphin souffleur 7
Desman 30
Dhole 26
Dingo 20
Diodon 11
Dragon à écailles 23
Dromadaire 14
Dugong 25
Échidné 20
Écureuil de Prévost 19
Écureuil roux 31
Élan 6
Éléphant d'Asie 26
Éléphant de savane 15
Éléphant de forêt 16
Éponge de mer 22
Étoile de mer coussin 11
Faon 25
Faucon crécerelle 29
Fauconnet de Bornéo 19
Fennec 14
Flamant des Caraïbes 11
Fossa 18
Fou à pattes bleues 10
Fou à pieds rouges 10
Fou de Bassan 7
Frégate superbe 10
Fuligule de Madagascar 18
Gaufre brun 9
Geai de Steller 9
Gecko satanique à queue de feuille 18
Genette tigrine 17
Gerbille de Mongolie 21
Girafe 15
Gnou 15
Gorille 16
Grand cachalot 21
Grand-duc ascalaphe 14
Grandgousier 23
Grand renard volant 19
Grand Tétras 7
Graphiurus ocularis 17
Grue cendrée 14
Grue de Mandchourie 26
Grysbok 17
Guanaco 12
Guépard 14
Gypaète barbu 30
Harfang des neiges 6
Hémione 27
Hérisson 31
Hermine 28
Hippocampe 22
Hippopotame 17
Hyène 15
Ibex 27
Ibis à crête rouge 26
Iguane terrestre des Galápagos 10
Impala 17
Indri 18
Izard 30
Jaguar 13
Kaka 21
Kakapo 21
Kangourou 20
Kiwi 21
Koala 20
Kookaburra 20
Labrador noir 31
Lama 12
Lamantin des Caraïbes 11
Lapin 29
Lemming 28

Lémur catta 18
Léopard 15
Lézard à collerette 20
Lézard de lave 10
Lion 15
Lion de mer 21
Lionne 17
Loris lent 19
Loup de Mongolie 27
Loup gris 28
Loutre 30
Luciole 25
Lynx de Sibérie 28
Lynx roux 9
Macareux moine 6
Manchot des Galápagos 10
Mandrill 16
Mangouste 17
Marabout d'Afrique 15
Marcassin 29
Marmotte 30
Martre des pins 28
Mésange bleue 31
Microdipodops 14
Mola mola 11
Morse 6
Mouflon 30
Moula-moula 14
Mouton Lacaune 30
Mouton de Soay 7
Mouton Scottish Blackface 21
Murène 11
Musaraigne du Mont Lyell 9
Narval 6
Nasique 19
Nautile 22
Okapi 16
Opossum de Virginie 9
Orang-outan de Bornéo 19
Ornithorynque 20
Orque 6
Oryctérope 17
Oryx gazelle 14
Otarie des Galápagos 10
Ours à collier 26
Ours à lunettes 12
Ours baribal 28
Ours brun de l'Oussouri 9
Ours et ourson bruns des Pyrénées 30
Ours et ourson polaires 6
Ours malais 19
Panda géant 26
Panda roux 26
Panthère des neiges 27
Panthère nébuleuse de Bornéo 19
Panthère noire 16
Paradisier à bec blanc 24
Paradisier à rubans 24
Paradisier d'Albertis 24
Paradisier de Victoria 24
Paradisier de Wallace 24
Paradisier du Prince Albert 24
Paradisier républicain 24
Paradisier royal 24
Paradisier sifilet 24
Paresseux 13
Pécari à collier 12
Pékan 9
Percnoptère d'Égypte 30
Perdrix rouge 30
Phacochère commun 15
Phalanger-renard 21
Phalanger volant 20
Phoque gris 7
Phoque marbré 6
Phyllodes imperialis 24
Pic vert 29
Pieuvre 22
Pieuvre Dumbo 23
Pingouin torda 6

Poisson-clown 22
Poisson-grenouille 22
Poisson-ogre 23
Poisson-papillon à bec 22
Poisson-perroquet bicolore 22
Poisson-scie 24
Poisson volant 11
Poney Shetland 7
Potamochère du Cap 16
Poule 31
Propithèque de Verreaux 18
Pudu du Sud 12
Puma 9
Putois d'Amérique 8
Quiscale de Brewer 9
Raie léopard 11
Raie manta géante 22
Raton laveur 28
Renard polaire 6
Renard roux 28
Renard véloce 8
Renardeau 29
Requin blanc 11
Requin-baleine 10
Requin-lutin 23
Requin-marteau 10
Revenant 23
Rhinocéros blanc 15
Rhinocéros de Bornéo 19
Rhinopithèque de Roxellane 26
Rhipidure à collier 21
Rouge-gorge 31
Sally-pied-léger 10
Sandfly 21
Sanglier à barbe 19
Sanglier d'Europe 29
Scarabée girafe 18
Semnopithèque de François 26
Serpent blanc d'Iwakuni 25
Singe des neiges 25
Sitatunga 16
Spatule d'Afrique 15
Suricate 15
Taïpan du désert 20
Takahé du Sud 21
Tamanoir 12
Tamarin empereur 13
Tamia 9
Tangue 18
Tanuki 25
Tapir du Brésil 13
Tatou géant 13
Taupe d'Europe 31
Taupe dorée 17
Teckel 31
Tigre de Sibérie 28
Tortue étoilée de Madagascar 18
Tortue géante des Galápagos 10
Tortue luth 22
Tortue verte 20
Toucan toco 13
Touraco louri 17
Tuatara 21
Tui cravate-frisée 21
Vache Highland 7
Vampire des abysses 23
Varan du désert 14
Ver de terre 31
Vigogne 12
Vipère à cornes 14
Wapiti 28
Wombat 20
Yack 27
Zèbre 15
Zibeline 28

À propos de l'autrice

Laure Ourmières est illustratrice et designer textile.
Elle vit sur les bords de Sèvres, en Loire-Atlantique.
C'est à travers les livres de sciences, les encyclopédies, les contes et les visites dans les Museums d'Histoire naturelle qu'elle commence à se passionner pour les animaux.
Son amour de l'art, du dessin et de la mode autant que son sens de l'observation et du détail l'ont guidée vers des études artistiques à l'école Duperré à Paris, puis vers le design textile sous le nom de *Fox in the Snow*.
C'est en devenant maman et en voulant transmettre à ses enfants les incroyables récits des grandes expéditions d'explorateurs et d'exploratrices naturalistes et botanistes que lui vint l'idée de ce livre, sous la forme d'un carnet de croquis d'observation dans lequel elle inventorie les animaux qui peuplent les différentes régions de notre belle planète.

LES COOL KIDS

ayant travaillé sur ce livre :
Maëlle Detton et Louise Le Corff à l'édito,
La bonne adresse à la direction artistique,
et Gilberte Niamh Bourget à la relecture.

39 avenue George V, 75008 Paris
Loi n° 49-956 du 16 juillet 1949
sur les publications destinées à la jeunesse
ISBN : 978-2-38307-024-5
Dépôt légal : mai 2023
Imprimé en Lettonie chez Jelgavas Tipogrāfija
Lot n° 0245052301